EFEITO VÓ TUNA

Editora Appris Ltda.
1.ª Edição - Copyright© 2021 dos autores
Direitos de Edição Reservados à Editora Appris Ltda.

Nenhuma parte desta obra poderá ser utilizada indevidamente, sem estar de acordo com a Lei nº 9.610/98. Se incorreções forem encontradas, serão de exclusiva responsabilidade de seus organizadores. Foi realizado o Depósito Legal na Fundação Biblioteca Nacional, de acordo com as Leis nos 10.994, de 14/12/2004, e 12.192, de 14/01/2010.

Catalogação na Fonte
Elaborado por: Josefina A. S. Guedes
Bibliotecária CRB 9/870

B497e
2021
	Bergholz, Juliana Abourihan Torres
	    Efeito vó Tuna / Juliana Abourihan Torres Bergholz. – 1. ed. - São Paulo : Appris, 2021.
	    79 p. : il. ; 21 cm.
	
	    ISBN 978-65-250-0716-8
	
	    1. Ficção brasileira. 2. Memória autobiográfica. I. Título. II. Série.
	
	                                    CDD – 869.3

Appris
editora

Editora e Livraria Appris Ltda.
Av. Manoel Ribas, 2265 – Mercês
Curitiba/PR – CEP: 80810-002
Tel. (41) 3156 - 4731
www.editoraappris.com.br

Printed in Brazil
Impresso no Brasil

Juliana Abourihan Torres Bergholz

EFEITO
VÓ
TUNA

Appris
editora

FICHA TÉCNICA

EDITORIAL
Augusto V. de A. Coelho
Marli Caetano
Sara C. de Andrade Coelho

COMITÊ EDITORIAL
Andréa Barbosa Gouveia (UFPR)
Jacques de Lima Ferreira (UP)
Marilda Aparecida Behrens (PUCPR)
Ana El Achkar (UNIVERSO/RJ)
Conrado Moreira Mendes (PUC-MG)
Eliete Correia dos Santos (UEPB)
Fabiano Santos (UERJ/IESP)
Francinete Fernandes de Sousa (UEPB)
Francisco Carlos Duarte (PUCPR)
Francisco de Assis (Fiam-Faam, SP, Brasil)
Juliana Reichert Assunção Tonelli (UEL)
Maria Aparecida Barbosa (USP)
Maria Helena Zamora (PUC-Rio)
Maria Margarida de Andrade (Umack)
Roque Ismael da Costa Güllich (UFFS)
Toni Reis (UFPR)
Valdomiro de Oliveira (UFPR)
Valério Brusamolin (IFPR)

ASSESSORIA EDITORIAL
Cibele Bastos

REVISÃO
Andrea Bassoto Gatto
Beatriz de Castro da Cruz
Denise Mohr

PRODUÇÃO EDITORIAL
Jhonny Alves dos Reis

DIAGRAMAÇÃO
Jhonny Alves dos Reis

CAPA
Eneo Lage

COMUNICAÇÃO
Carlos Eduardo Pereira
Débora Nazário
Karla Pipolo Olegário

LIVRARIAS E EVENTOS
Estevão Misael

GERÊNCIA DE FINANÇAS
Selma Maria Fernandes do Valle

COORDENADORA COMERCIAL
Silvana Vicente

À minha amada vó Tuna.

Agradecimentos

Sou grata à vó Tuna, por ser a melhor vó do mundo, por ter me ensinado e amado tanto que até me despertou a vontade de compartilhar a nossa história com o mundo. Obrigada, Maria, por sempre nos proteger. Agradeço aos meus pais, Faridi e Humberto, por terem me dado a oportunidade de ser neta da vó Tuna, por todo o amor e cuidado que sempre tiveram comigo e com a minha irmã, Luiza. À tia Lore, por toda a paciência, amor e dedicação com a vó e seus cinco sobrinhos. À tia Carmen e ao tio Paulo, por me presentearem com primos e memórias maravilhosas. Ao meu marido, Rico, por acreditar nos meus sonhos e sempre me incentivar a me redescobrir. A todos que cuidaram de mim e da minha família de alguma forma, principalmente, à Angela e à Sara. À minha família e amigos, por me apoiarem em todos os momentos. À minha querida madrinha, Beatriz, e à sua amiga Denise, que me ajudaram na correção e estruturação do texto, e a toda a equipe envolvida na publicação deste livro. E a mim mesma, por não ter desistido deste sonho!

Não sei...
se a vida é curta
ou longa demais para nós,
mas sei que nada do que vivemos
tem sentido,
se não tocarmos o coração das pessoas.
Muitas vezes basta ser:
colo que acolhe,
braço que envolve,
palavra que conforta,
silêncio que respeita,
alegria que contagia,
lágrima que corre,
olhar que acaricia,
desejo que sacia,
amor que promove.
E isso não é coisa de outro mundo:
é o que dá sentido à vida.
É o que faz com que ela
não seja nem curta,
nem longa demais,
mas que seja intensa,
verdadeira e pura...
enquanto durar.

(Cora Coralina)

Apresentação

Este livro é sobre a relação de uma neta com a sua avó, sobre a conexão, a parceria, a energia, o amor, ou melhor, o encontro de duas almas. Ele também é a minha visão de como ela é e, principalmente, o efeito que ela tem em minha vida.

Eu sou a Juliana, ou melhor, a Juju, como minha vó me chama. E minha vó é a "Tuna" – o porquê das aspas você já vai entender.

A nossa relação é de muito carinho e amor, e sempre achei que todas as pessoas tivessem uma ligação especial com seus avós, mas ao longo da vida fui vendo que não era bem assim – às vezes, por morarem longe, por não terem muito contato ou por algum outro motivo. De certa maneira, isso me deixa triste. Então, sempre que possível, tento mostrar às pessoas que ainda têm a oportunidade de conviver com seus avós quão magnífica pode ser essa experiência, porque, olhando minha história, vejo como foi enriquecedor crescer e viver com a presença da minha amada vó Tuna.

Boa leitura!

Prefácio

Coube a mim o privilégio de prefaciar este livro, e é como testemunha que encontro a forma verdadeira de fazê-lo. Testemunha de um vínculo entre vó e neta, cuja cumplicidade representou um refúgio de apaziguamento e alegria para ambas.

A certeza da compreensão recíproca assegurou um laço de entendimento que ninguém conseguia abalar, tampouco alcançar, a não ser as habitantes desse refúgio. A neta tranquilizava o espírito inquieto e ansioso da vó, e esta aplacava as intranquilidades da neta.

Rendiam-se sem resistência ao amor, mesmo depois de desavenças e brigas, sempre motivadas por preocupações relativas a cuidados.

O tempo que muitos gastavam para ter a concordância – por sinal, sempre difícil – da vó, Juliana conseguia obtê-la pelo simples fato de sua voz ressoar como afago aos ouvidos dela.

Repetidas vezes a vó Tuna dizia: "Essa menina é tão especial! Sinto uma paz dentro de mim que nunca senti antes. Eu não consigo não atender o que ela pede e ainda faço com alegria!". A presença dela fazia as vezes de colo para a vó.

Era por isso que ela sempre estava com saudades da Juju, saudades do que sua presença trazia, e saudosa permanecia, mesmo no instante ainda não inteiramente concluído de Juliana retornar para casa. Vó Tuna se reencontrou docemente nessa neta.

As visitas para a vó sempre estiveram na ordem do dia para Juliana, não por obrigação, e sim como busca de consolo, conselhos, divertimento, coisa, aliás, em que Tuna era mestra.

Este livro é consequência da laboriosa travessia de uma separação, cuja escrita serviu de ponte para a autora renovar os votos com a vida. Juliana descobriu que esse amor é herança e encontra nela o bem suficiente para prosseguir com entusiasmo.

O legado de generosidade e afeto da vó pousou como marca em cada ato de cuidado e carinho que a neta demonstra.

Compartilhando suas memórias neste livro, Juliana nos torna mais íntimos do amar: esse é o efeito Juliana.

Faridi Lucia Abourihan Torres

Sumário

Waddad 17

Lembranças da infância 23

Me espera 37

Dividindo o amor 47

Marcas na pele 53

Chega de chorar, guria! 61

Efeito vó Tuna ou
o reflexo do amor 75

Waddad

Minha vó é filha de Lúcia, que nasceu no Brasil, e Issa, que nasceu na Síria. Juntos tiveram seis filhos: o mais velho era José Kalluf (tio Fifo), depois vinha Linda, a vó Tuna, Fuad, Jorge e a mais nova, Sara Luci. A diferença de idade entre a minha vó e a irmã mais nova, que ela ajudou a criar, é de 15 anos. Tuna é como uma segunda mãe para a Sara Luci – isso é ela mesma quem fala!

Pelo que minha vó conta, ela tinha uma relação mais próxima com o pai e ele dizia que depois que morresse viria buscá-la.

Parte da infância foi durante a Segunda Guerra Mundial, quando havia certa escassez de alimentos. Afinal, eram oito pessoas para comer e os alimentos eram restritos. Uma vez, um dos irmãos falou: "Nossa! Esse pão está tão duro que se eu jogar na parede ele volta". Então o pai respondeu: "Pelo menos o pão volta!". O pai dela sempre ensinou os filhos a dar valor a tudo e a respeitar o próximo.

Em geral, a infância dela foi muito boa. Nunca passou dificuldades e adorava fazer palhaçadas e pegadinhas. Seu senso de humor sempre foi muito marcante. Tinha até um grupo com os primos, que eles chamavam de "cirquinho".

O nome verdadeiro da minha vó era Waddad, um nome árabe não muito fácil de pronunciar e do qual ela não gostava muito... até que, quando mais velha, mudou para Odete, mas ficou conhecida mesmo como dona Tuna ou vó Tuna. O apelido "Tuna" surgiu com uma moça que trabalhou durante anos na casa da minha bisavó. Até hoje ninguém sabe de onde ela tirou esse apelido. Só que ele pegou e todo mundo a chama de "dona Tuna".

Tuna sempre foi muito magra, nem baixa nem alta, com olhos e cabelos castanhos. Ela tem problemas nas mãos: os dedos são meio tortinhos e podem travar, o que, muitas vezes, a impede de fazer tricô e crochê. A pele é fina, com algumas manchas que, na verdade, são marcas e traços da sua vida. Por causa das mãos e dos pés gelados ela adora uma bolsa de água quente, um casaquinho nas costas e uma pantufa ou meia quentinha. Quase sempre está com os ombros levantados de tensão ou ansiedade.

Ela vive lacrimejando e o nariz escorre com certa frequência: ela anda com um lencinho na mão e espalha vários pela casa. Eu amo ficar pegando e apertando os braços e as mãos dela, pois são muito macios.

Eu queria conseguir descrever o cheiro dela. Seria mais fácil se fosse um perfume. Na verdade, é um perfume que só ela tem e só ela consegue "fazer". É um cheiro que acalma o coração, que você já sente lá da portaria do prédio e que te faz sorrir. É tão único e poderoso que eu trouxe para a Alemanha uma peça de roupa da vó Tuna e coloquei em um pote para, sempre que der saudade, eu me lembrar daquele amor, carinho, conforto em forma de cheiro. Foi uma maneira que eu achei de ficar mais perto dela, mesmo com tantos quilômetros de distância. É como um abraço quentinho, cheio de carinho e amor.

Minha vó se casou com Georges, que era libanês, e teve três filhos: Faridi, Lorete e Paulo. Minha mãe é a Faridi, que se casou com Humberto e teve minha irmã, Luiza, que é mais velha, e eu, Juliana. A Lorete (tia Lore) mora com a vó e o meu tio Paulo é casado com a tia Carmen e tem três filhos: Letícia, Bruna e Lucas.

Tuna perdeu o marido devido a um infarto. Ele era muito jovem, morreu com apenas 45 anos. Nessa época a vó tinha 42 anos, a Faridi, 10, a Lorete, 7, e o Paulo, 5. Ela ficou viúva com três filhos para criar, mas teve o apoio de toda a família, principalmente do irmão mais velho (tio Fifo), sua esposa, Mariana (Buba) e filhos. Apesar de todas as dificuldades, ela conseguiu criar (e muito bem!) os três filhos e, mais tarde, os cinco netos também!

Muito solidária, a vó Tuna se preocupa com todos. Quando há festas de família ou almoços em sua casa, o primeiro a ser servido é o porteiro do prédio. As diaristas sempre sentam com a família na hora de comer.

Quando ela completou 80 anos de vida, os filhos organizaram uma festa, mas ela fez questão de, no lugar de presentes, pedir doação de leite em pó para os menos favorecidos.

Minha vó trata todos de igual para igual. Quando recebe visita, sempre oferece ou dá algo de presente, seja uma geleia ou um chocolate. Essa é uma das suas manias: dar as coisas dela e da minha tia, o que causa muita confusão, porque, muitas vezes, ela dá sem antes perguntar. Outra mania é a de cortar as roupas, porque não gosta de nada apertado. Sente muito calor no pescoço e odeia tudo que pinica ou aperta. Se levasse na costureira, a roupa ficaria com um acabamento melhor, mas como ela nunca foi uma pessoa muito paciente, taca logo a tesoura!

Ela é muito comunicativa, faz amizade com os vizinhos e os comerciantes do bairro, mas não tem papas na língua e fala o que quer. Se alguém briga, diz: "Ihhh, tá bom! Escute, eu sou velha!". Não é uma pessoa fácil de lidar: com personalidade forte, é muito teimosa... Para mim, nada disso importa. Eu não sei explicar. Ela pode fazer ou falar qualquer coisa e eu até fico um pouco chateada, mas depois de cinco minutos já estamos rindo de tudo – como o dia em que ela me mandou à merda por telefone porque estava de mau humor e não queria falar com ninguém. E ainda desligou na minha cara. Cinco minutos depois me ligou rindo e pedindo desculpas.

Lembranças da infância

A nossa relação começou quando minha mãe anunciou que estava grávida mais uma vez. Foi uma gravidez surpresa, pois ela havia iniciado um novo trabalho e, quando minha vó soube, levou um susto, porque já era corrido com a minha irmã.

No dia 17 de setembro meus pais foram padrinhos de casamento de uma prima do meu pai. Várias pessoas falaram brincando que eu iria nascer durante o casamento e, depois da cerimônia, o que aconteceu? Eles foram para a festa, minha mãe foi ao banheiro e percebeu que aquilo não era xixi, e sim a bolsa, que tinha estourado! Eles saíram correndo, passaram em casa para pegar as malas, trocaram de roupa e foram direto para o hospital. O médico falou que muito provavelmente eu só viria no dia seguinte, então apenas meu pai ficou com a minha mãe. E, realmente, eu só nasci às 11h44 do dia 18 de setembro de 1992.

Minha irmã, Luiza, estava com a vó Tuna e a tia Lore na casa delas. Depois do almoço elas foram nos visitar. Foi nesse dia nublado que nos conhecemos, com direito ao canto dos passarinhos na janela do hospital.

Terminada a licença-maternidade e as férias, minha mãe voltou a trabalhar, e eu ficava com a babá durante o período em que meus pais estavam fora de casa, com a supervisão da vó Tuna, que ia lá algumas tardes. Depois de um tempo minha mãe percebeu que eu não recebia tantos estímulos, por isso, com seis meses de idade, passei a ser cuidada apenas pela minha vó. Com um ano e meio entrei na pré-escola e com quatro anos, na escola. Foi aí que surgiram, com mais intensidade, as crises de bronquite. Quando eu não podia ir à escola, acabava passando o dia todo com a vó Tuna, o que deixou nossa conexão muito mais forte. Ficávamos juntas fazendo inalação, brincando, pintando e desenhando. Depois comecei a fazer cartinhas para ela dizendo quanto eu a amava, mas colocando a data, porque ela guardava todas!

Foi com ela que aprendi a desenhar uma estrela. Na verdade, acabamos aprendendo juntas, depois de muitas tentativas.

À tarde também tirávamos uma soneca, às vezes no sofá, mesmo com a TV ligada, às vezes na cama dela, que era a melhor do mundo! Ela sempre dizia: "Esse é seu travesseiro, tá limpinho", e cada uma virava para um lado e dormia. Costumávamos dizer que nossas bundas conversavam enquanto dormíamos porque cada uma dormia encolhida para um lado. Nas noites em que eu dormia lá, ela sempre contava a minha história preferida, que era a dos três porquinhos, mas não era a história que todo mundo conhece: era a versão dela, que eu achava muito mais legal, porque no final tinha uma festa, com muitos doces, pipoca e, claro, café com leite!

Dormimos na mesma cama durante anos, até que um dia a derrubei da cama. Depois disso, passei a dormir no sofá-cama, pois eu já estava muito grande. De manhã, ela sempre acordava lá pelas 6h e me deixava dormir até as 9h. Aí entrava no quarto, abria as cortinas, cantava "Acorda, Maria Bonita, levanta, vai fazer o café..." (música do Ary Cordovil) e falava: "Creeeeeedo, como dorme! Acorda, que já está tarde! Vamos tomar café!".

Nós também fazíamos massinha com farinha e água para a gente brincar, e uma vez ela viu no programa da Ana Maria Braga uma "receita": você colocava em banho-maria todos os restos de giz de cera para derreter e depois derramava em uma forminha para reaproveitar. Quando a gente pintava, saíam várias cores: algumas se misturavam e criavam outra cor! Adorávamos pintar juntas. Eu sempre saía um pouco da linha do desenho, acho que até hoje, mas ela fazia tudo bonitinho.

Quando era jovem, ela pintava quadros – alguns estão pendurados na sala da casa dela, e hoje tenho um deles, um dos meus preferidos, no meu quarto, uma pintura inspirada na Grécia. No quadro há um lago, com montanhas e um jardim lindo e florido. Na primeira impressão, você vê duas meninas loiras, de vestido branco, encostadas em um muro no pátio desse jardim, e alguns patinhos por perto. Depois, se você olha com mais atenção, acha outra menina, também loira e de vestido branco, sentada em um gazebo, no meio do jardim. Pelas cores das folhas, se percebe que era um dia ensolarado de primavera. Costumávamos perguntar para as visitas quantas meninas elas viam no quadro, e a maioria dizia: "Duas". Então falávamos: "Olhe de novo!". Só depois achavam a terceira menina. A vó Tuna também gostava de bordar panos de prato e falava que era para o enxoval das netas.

Nas férias escolares ou em algum feriado, eu fazia minha malinha e praticamente me mudava para a casa dela. A tia Lore sempre levava minha irmã, meus primos e eu no parque para fazer piquenique, andar de patinete, de patins, de bicicleta. Íamos aos parques de diversão, ao circo, a shows e ao cinema. Ah! E na volta a gente lanchava no Mc Donald's ou a vó fazia nosso amado waffle, que comíamos com queijo, presunto e, depois, até com sorvete e calda de chocolate ou caramelo, a preferida da vó Tuna.

Sempre que a tia ia ao mercado, comprava um monte de salgadinhos, bolachas, chocolates, pipoca, flocos de milho de todos os tipos e deixava tudo em um armário, e a gente podia pegar o que quisesse. Quando íamos ao shopping, muitas vezes eu voltava para casa com um presente. No meu aniversário, ela me levava a uma loja de brinquedos e falava: "Escolha o que você quer!". Sim, fomos muito mimadas pelas duas!

Até os meus 4 anos elas moraram em uma casa enorme, perto da nossa, com um jardim supergostoso, onde eu e minha irmã brincávamos na terra. Nesse jardim a vó plantou um pé de romã para cada uma quando nascemos. Também tinha hortelã, que a gente amava comer direto do pé. Brincávamos com as minhocas, tomávamos banho de chuva e na piscina de plástico. E a vó ficava catando os bichinhos que caíam na água e espantando as abelhas, porque a gente morria de medo. Foi lá que andei de patins pela primeira vez, ralei muitas vezes os joelhos e passei várias tardes com crise de bronquite. Também foi lá que minha vó viu a nossa cachorrinha Lilica pela primeira vez.

Um dia fomos andar no parque com meu pai e estava tendo uma feira de filhotes. Não sei o que deu nele, mas resolveu comprar a Lilica, para a surpresa de toda a família, e foi uma decisão que não deixou a minha mãe muito feliz. Depois do susto, todo mundo se apaixonou por aquela cachorrinha tão pequena e fofa! Nessa época, eu deveria ter uns 3 ou 4 anos. Quando a levamos na minha vó, ela foi dentro de uma casinha de madeira. Chegando lá, minha vó viu que o que estava dentro era uma cachorrinha e falou: "Eeeeu não vou cuidar!". Depois de dez minutos, a vó já estava brincando com ela, e sempre que a gente ia viajar, a Lilica acabava ficando na casa da vó e da tia, dormindo no pé da cama da vó e de manhã acordando a tia Lore.

Depois de alguns anos, a vó e a tia se mudaram para um apartamento, mais perto ainda da nossa casa, umas duas quadras, o que era maravilhoso porque dava para ir andando até lá. Ah, o pé de romã foi junto, mas dessa vez colocamos no jardim do prédio em que eu morava com os meus pais. A vó fazia questão de ver como ele estava, de tirar as folhas secas e, sempre que via o jardineiro do prédio, dizia para ele colocar bastante adubo! Quando dava alguma fruta e a gente ainda não tinha visto, a Nice, da portaria do prédio, nos avisava e a gente colhia.

No apartamento havia duas salas, as duas na entrada. A primeira era chamada de sala azul por motivos óbvios: a parede era azul. Entrando, você já via no fundo a janela, com duas poltronas na frente e um sofá em cada lado, um deles azul acinzentado e o outro bege. Alguns quadros que ela pintou também estavam pendurados. Do lado da entrada ficava, num pequeno armário azul, um aparelho de som, no qual a gente adorava ouvir rádio e os CDs da Ivete Sangalo, Marisa Monte e do Padre Marcelo Rossi.

Na outra sala tinha uma cristaleira que eu amava muito! Ela era de madeira clara, toda trabalhada, com duas portas de vidro e o fundo espelhado. Lá eram guardadas as louças de porcelana que a vó ganhou quando casou e também as lembrancinhas de nascimento de cada neto. Ela só usava as louças em ocasiões especiais ou quando recebia visita, e logo falava qual louça era para qual neto. Hoje tenho uma cristaleira, com um dos jogos de porcelana que ela me deu de casamento.

A mesa de jantar seguia a mesma linha da cristaleira – com os pés e as bordas trabalhados – e dava para aumentá-la. As cadeiras também eram de madeira, e o estofado do encosto e do assento era listrado, com flores em azul-marinho e bege. Foi nessa mesa que comemoramos muitos Dias das Crianças, das Mães, dos Pais, aniversários, Natais, Páscoas e todas as outras datas festivas. Perto de uma das pontas da mesa havia uma janela. A vó vivia falando que tinha que limpar os vidros. Para nós, a janela era muito especial. Um dos motivos era porque em frente ao prédio fica uma pré-escola e ela amava olhar as crianças entrarem na escola ou voltarem da natação. Para ela, era quase como voltar ao tempo em que os netos eram todos pequenos. O outro motivo é algo que guardo no meu coração...

Entre a porta do banheiro e da cozinha havia uma penteadeira que elas usavam como cômoda, e a gente adorava colar bilhetinhos no espelho, com mensagens de amor ou de feliz aniversário.

A cozinha era toda branca, com alguns detalhes em madeira escura. É lá que a vó fazia quibe, charutinho de folha de uva e o amado waffle. É lá também que ficava o armário com guloseimas. Tinha, ainda, uma mesinha com banquinhos, onde a gente quase sempre almoçava ou tomava café da tarde.

O apê novo era de três quartos: a tia dormia na suíte, havia ainda um closet, no qual, eu, minha irmã e meus primos adorávamos brincar de esconde-esconde ou dar um susto na tia Lore. No banheiro, uma banheira virava a nossa piscina nos dias de verão, com direito a hidromassagem, muita espuma e diversão.

O quarto da vó tinha uma cama de casal com uma cabeceira de madeira e, acima dela, um quadro de anjos. Em um dos lados da cama ficava uma mesinha com um rádio-relógio preto, no qual ela gostava de ouvir algumas missas pela manhã. Havia ainda uma cômoda e, atrás, uma janela com vista para a rua. Ela deixava um pouco do vidro aberto à noite, porque achava que o quarto era abafado e assim não dava falta de ar. Mas, ao mesmo tempo, quando ia dormir, colocava o lençol em cima da cabeça e se encolhia. Vai entender!

Na frente do quarto dela ficava a sala de TV; na verdade, era outro quarto. Do lado, o banheiro que a vó usava. Essa sala de TV acabou virando o cantinho preferido dela.

Logo na entrada, em cima de um sofá-cama bege com detalhes em azul e vermelho, ela deixava um pote com as bolachas preferidas. Na parede acima do sofá havia vários quadrinhos com réplicas de obras de arte, que a tia Lore comprou na Disney. Ao lado do sofá, havia uma mesinha de madeira com o telefone, um lenço de nariz, algumas canetas, um bloco de notas e o caderninho com os telefones das amigas e da família.

Na frente do sofá, um armário de madeira cobria toda a parede. Bem no meio, ficava a TV cinza de tubo. Em cima havia três prateleiras com várias fotos da família e também uma maquininha de M&M's, que, na verdade, eram os dois bonecos do M&M's sentados em uma poltrona azul de cinema, usando óculos 3D, com um balde de pipoca vazio entre eles. Quando você abaixava a perna de um deles, caia M&M's no pote. Obviamente, a gente amava!

Embaixo da TV havia uma estante, onde ficava a caixa de costura que a tia Carmen fez para a vó, lápis de cor, canetinha, folhas de sulfite para os nossos desenhos, cadernos de pintar, cartinhas dos netos, jogos, algumas bonecas e um cachorrinho de pelúcia.

Esse apê tem muitas histórias e lembranças! Era o lugar para onde eu sempre "fugia" quando brigava com meus pais e também onde passava as férias. Foi lá que conheci uma das minhas melhores amigas, a Pri. Foi minha vó que nos apresentou, pois elas moravam no mesmo andar. No começo, a Pri tinha vergonha e não dava muita atenção para minha vó, até que a vó começou a dar um docinho para a Pri sempre que a via. E um dia ela nos apresentou. Brincamos juntas e não desgrudamos mais! A vó também virou um pouco vó da Pri, a tia Lore um pouco tia e eu quase uma irmã, porque ela é filha única. Graças à vó, nós nos conhecemos e é uma ligação que dura até hoje, mesmo com a distância e com a diferença de três anos. Tenho muito orgulho dessa amizade!

A porta ficava quase sempre destrancada e o porteiro já conhecia toda a família, então ele quase nunca interfonava para avisar que estávamos subindo. Sempre que eu ia passar o dia lá, abria a porta e falava: "Vóóóó?????". Às vezes, ela fingia que estava dormindo só para me dar um susto ou já vinha ao meu encontro com aquele sorriso no rosto, pronta para dar o melhor abraço do mundo.

Minha irmã, meus primos e eu sempre íamos nas reuniões da igreja, na missa, visitar as amigas dela, na casa do meu tio, em Curitiba, ou na praia (eu amava muito e esperava o ano todo por isso); ou, simplesmente, passávamos o dia com ela, vendo novelas e filmes. Depois, ela fazia o melhor café com leite do mundo, que tomávamos molhando a bolacha Maria, Maisena ou Pico Pato naquela doce mistura... Nossa, como a gente gostava disso! Chega a dar água na boca! Ah, e quando não tinha leite em casa, ela colocava leite condensado, o que deixava o café superdoce e especial!

Eu também adorava "ajudar" a fazer quibe, porque era divertido passar a carne crua na máquina, pois, quando saía, pareciam minhoquinhas. Minhas comidas preferidas são charutinho de folha de uva e coalhada seca e, de sobremesa, um doce árabe feito de semolina, além do bolo de fubá que ela fazia e colocava erva-doce na massa! Meu pai também amava a coalhada seca da vó e, sempre que ele estava com vontade de comer, falava: "Filha, pede pra sua vó fazer pra nós, porque, se você pedir, ela faz!". E o plano dele realmente dava certo! Já a preferida da minha prima Bruna lembro que era abobrinha recheada, e a vó fazia com todo amor uma panelona cheia e ia de ônibus até o meu tio para levar a comida. A alegria dela era ver os netos comendo a sua comida e raspando o prato com aquele sorriso no rosto!

Perto do apê há uma igreja que minha vó passou a frequentar e onde descobriu que toda semana acontecia um encontro da terceira idade. Lá, as senhoras se reuniam para fazer tricô e crochê para os menos favorecidos, orar, conversar e comemorar as aniversariantes do mês. Lembro-me de que, quando acompanhávamos a vó nos encontros, as amigas perguntavam: "O que você faz para seus netos não desgrudarem de você? Como eles te amam tanto?". Minha vó, como sempre, respondia com humor: "Eu dou um cheque todo mês!". Todos riam e, depois, ela falava emocionada, com a voz embargada: "Olha, dos meus netos eu não posso reclamar. Eu não faço nada. A única coisa que eu dou é amor!". Mal sabia ela o valor que todo esse amor tem para nós e que não há dinheiro no mundo que possa comprar uma relação tão linda e única como é a dela com os netos.

A tia Carmen e o tio Paulo têm um apartamento na praia. Quase todo ano, no verão, a Lu, a vó, a tia Lore e eu acabávamos indo passar uns dias lá com eles. Era muito bom! Eu brincava com a Lê e a Bru e, depois, quando o Lucas nasceu, eu ajudava a cuidar e brincava com ele. A tia Carmen sempre foi muito animada, ativa e prendada, então ela vivia "inventando moda", como a vó mesma dizia, e elas acabavam cozinhando muitas coisas juntas, como kafta, tabule, pastel. A Lê adorava ajudar a fazer a torta de banana que meu tio amava comer, a Bru e o Lucas gostavam de comer frango temperado com alho, limão e azeite.

Em algumas férias de verão, meus pais, minha irmã, tia Lore, a vó Tuna e eu fomos para Mariscal, em Santa Catarina. No primeiro ano ficamos em uma pousada onde havia apartamentos com quartos e cozinha em frente à praia! Foi uma delícia. De manhã, eu ia com a vó buscar pão em um mercadinho. Lá sempre comprávamos kits com umas coisinhas para crianças, e ela me deixava escolher um por dia. Depois caminhávamos na praia, pegávamos algumas conchinhas e aproveitávamos que o sol não era tão forte. Voltávamos, todos tomavam café juntos e íamos para a praia.

A vó só gostava de ir de manhã cedo ou no final da tarde, para ver o pôr do sol e caminhar. Ela não queria passar calor e sempre curtiu ficar em casa. Nisso eu acho que puxei a ela. Enquanto estávamos na praia, ela já começava a preparar o almoço. A vó sempre cozinhou muito bem e amava comer ostras com o pai enquanto tomavam uma cervejinha preta. Teve uma tarde em que o tempo ficou feio e todos foram passear em Bombinhas. A vó e eu ficamos em casa desenhando. Lembro que na sala do apartamento tinha um quadro com girassóis, que ela pediu para eu tentar replicar no meu caderno. Eu desenhei e ela me ajudou a pintar. Ficou lindo, o que nos deixou muito orgulhosas.

Nos anos seguintes, alugamos casas em Mariscal. Levávamos a Lilica, que era fiel companheira da vó. Quando íamos à praia, a vó e a Lilica ficavam juntinhas em casa, vendo TV, fazendo comida e, se duvidar, dando risada. Teve um ano em que eu levei um macacão amarelo que ganhei da minha mãe e quase não tirava do corpo. A vó amava me ver com ele – amava tanto que o guardou depois que não coube mais em mim. Todo ano ela fazia a famosa torta de banana e cascudo frito. Era uma delícia! Também íamos à Casa dos Sonhos, obviamente, para comer sonho. Ela gostava do de goiabada e eu, do de doce de leite. Muitas vezes comíamos cuca de banana e bananinha, que é um pastel de banana. Isso acabou virando tradição da família. Sempre que íamos para Mariscal comíamos lá ou levávamos para Curitiba.

No ensino médio eu mudei de escola e passei a tirar notas muito ruins. Tive várias aulas com professor particular e pedi muitas – mas muitas – orações para a vó Tuna, para eu conseguir passar de ano. No segundo ano do ensino médio eu peguei quatro finais. Cheguei a pedir para ela fazer quibe e levei para os meus professores porque eu não queria de forma alguma reprovar de ano. Passei em três finais, menos em Matemática. Entrei em pânico porque achei que havia reprovado. Eu mal sabia que teria mais uma oportunidade de fazer prova, mas em janeiro. Ou seja, esqueça suas férias, Juliana! Nada de praia esse ano. Não sei o que é pior, ter que estudar durante as férias ou repetir de ano. No fim, graças a Deus, às orações da vó Tuna, ao meu professor particular e à tia Lore, que me levava todos os dias na aula particular, consegui passar de ano! Ufa, que alívio!

No ano seguinte era o terceirão. Teoricamente, eu teria que estudar muito porque eu queria entrar em uma universidade, só não sabia qual. E o que fiz? Matei muita aula, colei muito nas provas e estudei quase nada. Quando chegava em casa, deixava todos os livros abertos na mesa, com lápis e grifa-texto, rabiscava a contracapa de uma apostila e apagava tudo só para fazer farelo de borracha e espalhar na mesa para fingir que eu estava estudando. Na verdade, eu ia dormir, mas tinha um acordo com a Angela: se alguém me ligasse, ela devia me acordar, e se perguntassem se eu estava estudando, era para dizer que sim!

A Angela trabalha há anos lá em casa e quem a indicou foi o seu Antônio, porteiro do prédio da vó. Eu a chamo de Angel porque ela é um anjo que entrou em nossas vidas e sempre cuidou com muito carinho e amor da nossa família. Antes de ela ir embora, me acordava para trancar a porta, porque ninguém costumava andar com chave. A gente sempre deixava na portaria. Então, quando meus pais ou minha irmã chegavam em casa, tocavam a campainha e eu corria atender. Eles falavam: "Nossa, que cara você tá!". E eu falava: "É, tô cansada. Estudei o dia todo.". Aí eu ficava mais uns cinco minutos colorindo meus livros com grifa-texto e falava: "Ufa! Acabei!". Sim, eu era terrível, mas passei na segunda chamada – claro que tinha que ter uma emoção – na PUC-PR, em Publicidade e Propaganda.

No dia em que eu descobri que havia passado, gritei em casa, e minha irmã já veio com um ovo e quebrou na minha cabeça, no meio da sala de estar. Nisso, liguei para os meus pais e, claro, para a vó Tuna. Cheguei na porta da casa dela, e ela e a tia já me deram outra ovada. No fim, fui para a rua levar mais ovada dos meus amigos e pedir dinheiro.

Depois eu contei para a vó sobre todo o meu esquema para não ter que estudar e ela não acreditou que eu era tão louca em fazer isso e me arriscar tanto nesse último ano, que é um dos mais importantes para entrar em alguma universidade. E eu ainda tinha a cara de pau de pedir para ela rezar! Resumindo: ela achou superengraçado e contou para toda a família. Claro que meus pais ficaram putos comigo, mas nem tanto, porque, graças às orações da vó Tuna, eu consegui passar na PUC-PR. E era isso que importava!

As orações da vó Tuna sempre são muito fortes. Quando a vó era pequena, a mãe dela dizia: "Você é a mais religiosa, vai rezar por alguém que está com problema ou está mal de saúde". E ela ia à missa e rezava o terço. Levava os três filhos e incentivava o contato com Deus. Com os netos não foi diferente. Ela me ensinou a orar, a ter fé, conhecer Deus, e eu ensinei a ela a oração do Santo Anjo, que aprendi na catequese. Ela sempre achou bonita essa oração, mas até então não havia gravado na cabeça.

É ela, portanto, quem ora por todos. Não que ninguém mais da família ore, mas é que, para a gente, a oração da vó é muito mais forte! Sempre que alguém aparece com algum problema – doença, entrevista de emprego, um jogo de futebol importante, uma prova na escola, não sabe se vai passar de ano ou qualquer outra coisa –, lá está a vó Tuna na missa ou em casa, vendo a missa com o terço na mão. E essas orações se estendem a pessoas que não são da família, como vizinhos, amigos, amigos de amigos e por aí vai.

Apesar de ela ser católica, também acredita em algumas superstições: a de que não presta deixar o chinelo virado, senão a mãe morre; a de bater três vezes na madeira para espantar desgraça; queimar palma (uma planta) para espantar os raios; e, quando o Brasil joga, ela dá um nó no pano de prato e fala para cada um puxar de um lado que irá sair gol. Algumas vezes até dá certo. Eu não sei se ela realmente acredita em tudo isso, mas ela sempre faz.

Mesmo meu tio Paulo sendo evangélico e a tia Lore espírita, ela sempre respeitou a opção de cada um, pois, para ela, o importante é estar perto de Deus. Ela até foi algumas vezes à igreja evangélica e ficou amiga do pastor. Meus tios, além de frequentar a igreja evangélica, também chegaram a trabalhar lá. A tia Carmen é formada em Nutrição, então uma época ela ficou responsável pela cozinha da igreja. Em certa ocasião teve um jantar árabe, que seria para arrecadar dinheiro para missões. Minha tia contou para minha vó, que fez questão de ajudar em tudo e comandou o preparo de toda a comida! Foi um sucesso! Afinal, que comida de vó não é maravilhosa, temperada com muito amor e carinho?

Me espera

Mesmo com todos os trabalhos, no primeiro ano da universidade eu continuava indo na casa da vó para almoçar ou tomar café da tarde com ela e com a tia. Já no segundo ano, eu comecei a estagiar e a vó acabava ligando em casa ou no trabalho para contar as novidades, comentar sobre as novelas ou apenas fofocar. E ainda falava: "Nossa, faz tempo que você não vem aqui!". E eu respondia: "Mas, vó, eu fui ontem!". Daí ela dizia: "Ah, é? Nossa, parece que faz tanto tempo!".

Foi no final desse ano que eu comecei a namorar um menino da minha sala, e ele foi o meu primeiro namorado oficial. Foi conhecer meus pais e minha família e, para minha surpresa – ou não –, a vó estava com muito ciúme dele, porque agora o meu tempo livre não seria "só" dela, ela teria que me "dividir" com mais uma pessoa. Eu demorei para apresentá-lo para minha vó porque eu tinha muito medo de como ela iria tratá-lo, e também medo de ela se apegar muito e a gente terminar. Ela até inventou uma palavra nova. Ela falava: "Tá duduzando (porque o nome dele é Eduardo), é?" ao invés de falar: "Tá namorando, é?". Eu até cheguei a me sentir culpada por não estar passando tanto tempo com ela como antes. Então, eu fazia cartas e mais cartas dizendo quanto eu a amava, como ela era especial para mim e que ninguém jamais iria tomar o lugar dela!

Um dia eles se conheceram. Eu não me lembro como foi, mas aos poucos ela se acostumou com a ideia e passou a gostar dele – até que, depois de quase um ano e meio, a gente terminou. Nessa noite a minha amiga Gabi, que estudava comigo, dormiu lá em casa. Eu estava sozinha porque meus pais tinham ido buscar a minha irmã, que voltava de um intercâmbio na Irlanda. No dia seguinte, a vó foi a primeira pessoa para quem eu liguei para contar do término do namoro. Ela ficou surpresa com a notícia, perguntou como eu estava me sentindo e falou que eu logo iria ficar bem, porque agora minha irmã estava voltando e iríamos nos divertir juntas.

Depois tive que encará-lo na universidade, pois estudávamos na mesma sala. Foi nesse dia que a Polli veio falar comigo. Éramos colegas de sala. Ela não era minha superamiga, mas sempre conversávamos nas festas e churrascos. Ela estava muito preocupada comigo, porque também namorava um menino da sala e imaginava quão tenso era terminar um namoro e ter que continuar encontrando com ele e vendo-o com outras meninas todos os dias. Então eu falei que estava tudo bem dentro do possível, e ela respondeu: "Nossa, que bom, porque, se isso acontecer comigo, eu não sei o que vou fazer!". E depois de um mês, o que aconteceu? Ela também terminou o namoro. Dessa vez, eu que fui procurá-la para saber como ela estava, e ela estava muito mal! Então, passamos a compartilhar a mesma dor e fomos ficando mais amigas, até que um dia estávamos conversando pelo Facebook e ela falou:

- Polli: — Juu, o q vc acha de trancar a facul ano que vem?

- Ju: — oii, Polli, vc tá bem??

- Polli: — e Europa, aqui vamos nós?

- Ju: — pois é, estou pensando seriamente nisso...

- Polli: — tô, sim, Juu, tô vendo pra ir ano q vem.

- Ju: — ou em ir depois da formatura, o que vc acha? Pois então, eu tava cabreira por causa do TCC.

- Polli: — vou começar a ver as coisas e preços e acho q vai dar certo.

- Ju: — vamos ver certinho hehe.

Com a chegada da minha irmã, pedi ajuda a ela! Resumindo: em três meses compramos as passagens para Dublin e no início do outro ano começaria a nossa aventura. Seria a primeira vez que eu passaria tanto tempo longe da minha família, amigos e, principalmente, da vó Tuna. Foi difícil contar para ela! Primeiro eu falei que o intercâmbio duraria apenas seis meses, mas eu já sabia que não voltaria em menos de um ano, mas isso ela ainda não precisava saber porque ficaria muito triste. Afinal, já havia passado por essa experiência com a minha irmã, que morou dois anos fora.

Com 20 anos, lá fui eu me aventurar em Dublin com a minha amiga Polli, que também tinha suas crenças e cresceu em uma família católica. Essa foi a primeira vez que ela andou de avião. Antes da decolagem, ela orou, pediu proteção, e também fizemos juntas, uma oração que até então eu não conhecia, que é "Maria passa na frente". Essa virou a nossa oração oficial para tudo o que precisávamos, e juro que sempre funciona!

Morar fora me fez crescer muito em todos os sentidos. Até minha espiritualidade cresceu, talvez porque estava sozinha e a única coisa que eu podia fazer era rezar para dar tudo certo. E eu só sei que dava mesmo! Me apeguei a Maria e, até hoje, para tudo que preciso, peço a ajuda dela, e também agradeço por sempre cuidar de todos nós. Durante o intercâmbio eu também mandei alguns postais para a vó falando como eu estava com saudades, como sentia falta do cheiro e do carinho dela e que tudo seria muito mais legal se ela estivesse lá comigo.

Naquela época não era todo mundo que tinha um smartphone, então a gente se falava mais pelo Skype, quando a minha tia estava em casa ou quando alguém com celular estava lá. Eu também escrevia no diário que ganhei da tia Carmen antes de viajar, o que me ajudou muito a lidar com a saudade, a anotar muitas histórias e a ver o meu crescimento. Uma coisa que eu sempre tive – antes, durante e depois do intercâmbio – era um medo gigantesco de perder a vó Tuna. Eu não sei dizer o porquê, nem de onde ele vinha. Então, toda vez que eu ia me despedir, fazia questão de abraçá-la muito e falar o quanto a amava. Quando alguém ia embora do apê, ela ficava na janela da sala dando tchauzinho até não dar mais para ver a pessoa. Isso ficou muito marcado para mim, meus primos e minha irmã, e esse é o outro motivo por que essa janela é tão especial.

Dessa vez não foi diferente: antes de partirmos para o intercâmbio, choramos muito no aeroporto e nos despedimos. Apesar da dor, ela sempre me apoiou e disse que essa experiência iria me fazer muito bem. Antes de ir em direção ao embarque, eu dei um último abraço nela e falei: "Me espera!". E ela: "Vai em paz, que na volta eu também vou estar aqui te esperando!". E lá fomos nós!

Intercâmbio é algo que todo mundo deveria fazer. Eu incentivo todas as minhas amigas e primas a viverem essa experiência, porque foi lá que me descobri. Descobri que eu era capaz de fazer tudo sozinha, de limpar, cozinhar, pagar as contas e trabalhar. Eu tive vários trabalhos na Irlanda: trabalhei em refeitório e cozinha, em limpeza de hotel e de escritórios. Graças a esses trabalhos juntava dinheiro para pagar as contas, e o que sobrava eu usava para comprar roupas e viajar! Conheci muitas cidades da Europa. Em todas eu comprei alguma coisa para a vó Tuna, como terço, chaveiro com anjo da guarda, pantufinha, meia que não aperta, bolsa de água quente com uma capinha fofa para não se queimar e outros mimos.

Toda vez que eu ia a uma igreja, pedia para que a vó ainda estivesse lá quando eu voltasse. Minha mãe foi me visitar para matar um pouco a saudade e, mesmo assim, a saudade continuava gigantesca. Confesso que foi um tanto estranho vê-la pessoalmente e poder tocá-la, porque eu só a via por câmera. Não foi nada fácil encarar toda essa distância, mas a gente sempre achava uma forma de diminuir a saudade.

Eu voltei outra pessoa depois disso tudo, cresci muito e, por isso, encorajo todo mundo a viver essa experiência também. Foi tão bom que, mesmo com todos os perrengues e toda a saudade, eu consegui ficar por dois anos! Mas para a minha vó a gente contava de seis em seis meses que eu iria voltar, porque assim não parecia tão distante. Até que o dia finalmente chegou!

Era um mix de sentimentos, uma alegria em voltar, mas uma tristeza em deixar tudo o que eu conquistei e vivi. Eu mal consegui dormir no voo porque estava muito ansiosa. Como tudo tem que ter emoção, o meu voo atrasou, pela dificuldade para pousar em Curitiba, até que desembarquei, e lá estavam meus pais, minha irmã, meus tios, primas, meus amigos, a Gabi e o Gu, e, claro, a vó Tuna!

Nossa, foi emocionante esse reencontro! Nos abraçamos muito, nos olhamos olho no olho para ver se aquilo era verdade e nos abraçamos novamente. Nos dois anos em que estive fora, a vó ganhou mais algumas ruguinhas e fiquei meio assustada, mas ela estava bem, andando para lá e para cá e querendo saber de tudo, como sempre. Quando cheguei em casa, para minha surpresa, minha melhor amiga, que já tinha voltado de Dublin havia alguns meses, estava lá também. A Nina veio de São Paulo apenas para me receber. Era muita alegria em uma noite só!

No dia seguinte, meus pais falaram que iria ter um almoço na vó, algo pequeno, mas na verdade teve um churrasco surpresa lá no apê da vó e da tia. Foi quase toda a família e alguns amigos. Na área externa do prédio, onde fica a churrasqueira, minha família arrumou tudo e colocou placas de boas-vindas e fotos do intercâmbio. A tia Carmen fez arranjos para a mesa e meus pais contrataram uma equipe para preparar o churrasco, porque assim todo mundo poderia aproveitar e conversar muito. Tentei ficar o máximo com a vó, mas fomos matando a saudade aos poucos. Enquanto estive fora, meu pai sempre imprimia algumas fotos das minhas viagens para aliviar um pouco a saudade que a vó sentia de mim. Ela guardou todas e, quando cheguei, quis fazer um álbum e pediu para que eu escrevesse as datas, o local e quem estava na foto. Foi legal porque eu queria mesmo contar minhas aventuras.

Quando voltei para o Brasil, ainda faltavam alguns meses para o início das aulas da universidade, então tivemos bastante tempo juntas. Aproveitamos para comer o pastel que a gente amava e era feito na hora, passeamos pelo bairro e, como todos a conheciam, ela passava em cada lugar para dar um oi, bater um papo e comprar algumas coisas. A vó sempre foi muito conhecida, não só no bairro, mas entre as minhas amigas ou quem convivia comigo. Também porque eu sempre me lembrava de alguma história engraçada com a vó Tuna para contar, e quem não a conhecia passava a conhecer, às vezes só pelo nome e às vezes até pessoalmente. A vó tem mania de criar o seu próprio vocabulário e, muitas vezes, até bordões que a família toda acaba usando:

"Não tô legal" – ela fala sempre quando a gente a chama para sair ou passear e até quando a gente liga perguntando: "E aí, vó. Tudo bem?".

"Creeeeeedo!" – quando ela fica espantada ou sabendo de alguma tragédia.

"Raspe bem! Deixou a metade! Mas é uma monte!" – quando sobra comida ou quando vai transferir de um recipiente para outro. *Monte* é tipo bobo.

"Mas é um *jarbane*" – *jarbane* é uma palavra árabe que até hoje eu não sei o real significado, mas a gente usa para dizer que a pessoa é "um mané". Essa até minhas amigas falam!

"Coma queijo!" – uma vez meu tio passou mal e a vó falou que era culpa do queijo. Aí, sempre que ele come muito queijo, ela fala isso.

"*La amaaa*" – acho que é uma mistura de árabe com português, mas ela usa como "poooooxa".

"*Yalla*" – é uma palavra árabe que significa "vai logo".

Substake – significa *cupcake*.

Kelly Kit – chocolate Kit Kat.

Oooopa! – sempre que solta um pum com barulho, ela fala "Oooopa!". Ela tem muitos gases. Depois de anos, descobrimos que é intolerância à lactose. Quando ela faz em público, a gente morre de vergonha, mas dá muita risada e, obviamente, ela se desculpa com quem está perto.

Chãpche – algo que não é muito bom ou de boa qualidade.

Outra mania que eu não gosto nem um pouco é quando ela diz: "Mas você vai no meu velório, né?! Tem que chorar bastante, hein?!". Eu respondo: "Credo, vó! Não quero nem pensar nesse dia! Mas eu prometo que vou, sim. E em relação a chorar, você nem precisa se preocupar, né?!".

Dividindo o amor

As aulas da universidade começaram. Que estranho voltar, tanta gente diferente! Graças a Deus a Polli estava comigo, então não fiquei tão nervosa. Começou a aula e já veio toda a função do TCC: como funcionava, quantas pessoas teríamos na equipe e mais mil coisas. Eu só pensava: "Ai, que preguiça!".

Nos finais de semana, eu sempre tentava sair com a Gabi e com o Gu porque era muito divertido, mas a primeira vez que fui a uma balada no Brasil depois do intercâmbio fiquei meio assustada, porque os meninos chegavam em cima da gente com tudo, já me tocando e querendo beijar. Em Dublin não era assim. Lá, o cara mal chegava na gente e, se duvidar, a gente é que chegava nele. Mas não da mesma forma que aqui.

Toda vez que eu saía, voltava para casa desanimada. Eu reclamava para a vó que os caras chegavam sempre da mesma forma: quando não chegavam agarrando, o papo não era bom ou era o mesmo script de sempre: "Oi, qual o seu nome, quantos anos você tem, o que faz da vida?". Só faltavam perguntar o CEP da minha casa. A vó tentava me animar e falava que, na hora certa, o homem certo chegaria. Até que conheci o Rico e nós começamos a sair com muita frequência.

Em uma das tardes que passei com a vó Tuna conversando sobre a vida, contei que havia saído com um menino chamado Rico e que eu achava que estava namorando. Até então nada de me pedir em namoro, até porque nós nunca tínhamos falado sobre isso, pois ele é alemão e eu não sabia como funcionava essa história de namorar na cultura dele. Ela deu risada e falou: "Creeedo, como não sabe?", e ficamos rindo disso, mas ela ignorou totalmente o fato de que, talvez, eu realmente estivesse namorando.

Depois de umas semanas, fui com ele em um jantar na casa dos amigos do trabalho, e ele me apresentou como a sua namorada. Eu fiquei meio sem reação e falei: "Ah, é? Somos namorados?". Ele disse: "Sim". E eu falei: "Tá bom, então!". Na mesma semana em que isso aconteceu, fui visitar a vó e a tia Lore e contar a novidade – que estava namorando. Elas quiseram saber tudo sobre ele, mas, quando descobriram que ele é alemão, a vó Tuna falou: "Ihhh, ele que não invente moda de te levar embora daqui". Eu ri de nervoso: "Capaz, vó!". Sempre que eu ia lá, falava das minhas saídas com o Rico, e ela só dizia: "Juju, calma, que um dia você vai ter um namorado" e eu respondia: "Mas, vó, eu já tô namorando" e ela: "Não está, não". Eu ria de toda a situação porque já havia passado por isso antes e sabia que eram ciúmes.

Alguns meses depois de ela não querer aceitar que eu estava namorando, teve um café da tarde na casa do tio Paulo e da tia Carmen, e como foi meio em cima da hora e eu já tinha combinado com o Rico que eu iria com ele a um churrasco no mesmo dia, falei que não iria ao café. Acontece que o tal do churrasco acabou supercedo, então eu resolvi perguntar para o Rico se ele aceitava ir comigo ao café da minha família. Achei que ele não ia topar, porque teria muitas pessoas, mas ele topou e lá fomos nós! Eu só mandei uma mensagem no celular da minha mãe avisando. Até então, o Rico só conhecia meus pais e minha irmã.

Chegando lá, ficamos escondidinhos na porta porque meu tio estava fazendo um discurso sobre como se sentia feliz em receber todos naquela tarde, pois tínhamos muitas coisas para comemorar. Depois de toda a emoção, nós entramos e eu já olhei para a minha vó. Ela fez cara de desprezo, ignorou total a nossa chegada e, quando cruzamos nossos olhares, eu joguei um olhar de: "Dona Tuna, se comporte!". Apresentei o Rico para a família – todos se mostraram felizes com a nossa presença, e a vó até que foi educada com ele, mas ficou na dela, fazendo caretas e rindo muito.

Com o tempo, ela foi aceitando, e o Rico foi conquistando um lugarzinho no coração dela, porque ela viu que ele é um "bom menino", como ela mesma fala, e que ele me faz muito feliz. O Rico também gostava de visitá-la. Um dia a levamos para comer na confeitaria preferida dela, chamada "A Familiar", porque ela estava havia dias falando que queria comer ratinho, um doce de ovos que ela ama. Eu e o Rico dividimos uma bomba e ficamos conversando por horas. Depois de o Rico ter ganhado o coração da dona Tuna, ela sempre perguntava: "Você não tem um amigo pra apresentar para as meninas?" – no caso, minha irmã e minhas primas.

Bom, a minha história de amor com o Rico daria outro livro, mas, resumindo, com seis meses de namoro o Rico me pediu em casamento, na Alemanha. Eu contei a novidade no grupo da família e pedi pelo amor de Deus que ninguém falasse para a vó, porque eu queria fazer isso pessoalmente. E foi a primeira coisa que eu fiz quando cheguei a Curitiba.

Levei o anel no bolso, o Rico foi ajudar a preparar o café com a tia Lore na cozinha, e eu chamei a vó na sala azul e falei: "Vó, eu preciso conversar com você". Ela achou muito estranho e logo perguntou: "Que foi? Tá grávida?". Eu dei risada e falei: "Ainda não, mas eu estou noiva!". Eu tinha muito medo da reação dela, mas ela ficou muito feliz e emocionada e falou: "Olha, eu estou feliz porque você vai casar com o Rico. Ele é um bom menino, sei que ele te faz feliz, mas você vai morar aqui, né?". Nessa hora engoli em seco e falei: "Isso a gente ainda não resolveu, vó", mas logo ela disse: "Mas se isso for para a tua felicidade, tudo bem. O importante é você estar feliz". Nós nos abraçamos e logo o Rico e a tia Lore chegaram na sala, e contamos como tudo aconteceu.

No fundo, a vó já imaginava que eu iria morar na Alemanha. Depois do noivado, a gente passou a falar sobre isso com mais naturalidade, e ela sabia que o contrato do Rico não podia ser prolongado – a economia do país não estava ajudando muito. Até quando eu e o Rico decidimos de fato que iríamos para lá, nunca tivemos uma conversa do tipo "Hoje decidimos que vamos nos mudar", mas acabamos concluindo que essa era a melhor opção.

Eu sei que talvez você, leitor, esteja pensando: "Nossa, que amor é esse que você tanto falou se você se mudou para outro país?". Não pense que não me senti mal, culpada ou triste em me mudar. Essa decisão foi realmente muito, muito difícil, mas eu sabia que a minha conexão com a minha vó é bem maior do que qualquer coisa ou distância: o amor e a cumplicidade que nós construímos é algo só meu e dela. Uma realmente quer ver a outra bem, por mais distante que fosse.

Casamos no civil em 2016 e foi emocionante. Fiquei superfeliz de ter dado essa alegria para ela, pois falávamos muito sobre esse dia. A festa seria só no ano seguinte e nós queríamos viver isso juntas. Confesso que eu tinha medo de ela nos deixar antes dessa data, mas, graças a Deus e à tia Lore, que cuidava bem dela, a vó conseguiu participar de toda a preparação: da escolha do meu vestido, da roupa que ela iria usar, do cabelo, da maquiagem e dos detalhes da festa. Não sei quem estava mais ansiosa, se era ela ou eu. A vó se emocionou e aproveitou muito, se sentiu especial, amou todos os detalhes, as flores e a comida também. Depois ficamos meses falando sobre como estava tudo lindo e delicioso.

Antes da festa de casamento, fiz um "chá de beleza", já que não dava para fazer um chá de panela porque eu iria morar em outro país. Foi algo bem pequeno: chamei só a tia Carmen, a Lê, a Bru, a tia Lore, a vó Tuna, a Gabi, a Pri, o Gu e, obviamente, minha irmã e minha mãe. Foi tudo de última hora, mas foi muito gostoso e divertido. Fiz algumas comidinhas saudáveis, enfeitei um pouco a sala e ficamos na mesa de jantar comendo e conversando, até que minha irmã falou: "Agora vamos fazer uma brincadeira. Cada um dá um conselho para a Ju". Foi uma ótima ideia! Me emocionei com os conselhos sobre relacionamento, autoconhecimento, adaptação na Alemanha. Quando chegou a vez da vó, claro que ela não iria perder a oportunidade de fazer uma piadinha, então, ela falou: "Meu conselho é para você brincar com as bolinhas", e todo mundo caiu na risada! Depois dessa, só falamos besteira e ela ficou contando várias histórias dela e do meu vô, de como aconteceu o primeiro beijo e por aí vai!

Marcas na pele

A vó sempre levou vários tombos na vida. Tombos de cair ou se bater e ficar roxo mesmo! Isso eu puxei dela, porque vivo com roxos nas pernas e nem sei como eles surgiram.

Como ela sempre caía e não quebrava nada, a gente nunca se preocupou com isso, até porque depois ela sempre contava rindo! Com o passar dos anos, esses pequenos tombos ficaram perigosos, porque ela foi ficando mais velha. Em 2015, ela foi se levantar do sofá, se desequilibrou e caiu no chão da sala de TV. Nesse dia, a Angela estava lá, limpando a casa, e a tia Lore na cozinha, quando ouviram o barulho e correram para ver o que era. Encontraram a vó caída no chão, mas ela disse, meio rindo: "Ihhh! Tudo bem, não foi nada". Então elas a colocaram no sofá, passaram pomada onde estava doendo, puseram gelo, e ela falou que doía, mas não muito.

Nessa manhã, quando cheguei no trabalho, senti uma sensação muito ruim, e minha amiga Milene perguntou: "Nossa, Ju, aconteceu alguma coisa?". Eu disse que não e comecei a chorar sem motivo nenhum. Fui ao banheiro, lavei o rosto e voltei a trabalhar sem entender o porquê do choro. Depois do almoço, a tia Lore me ligou: "Ju, a vó caiu, mas não foi nada". Quando sair do trabalho, você pode vir aqui? Devo voltar lá pelas 19h. Até você chegar, a Angela fica com ela". Eu concordei, até porque meu trabalho também era perto de casa, então eu não demoraria. Quando desliguei o telefone, senti uma coisa muito ruim e liguei para o meu pai contando o que havia acontecido. Ele não entendeu minha preocupação, porque a vó vivia caindo e tinha dito para a tia Lore que estava tudo bem. Ele pediu para eu retornar a ligação quando chegasse na casa dela, e foi o que fiz.

Cheguei lá por volta das 17h20 e quando ela me viu, gemeu: "Aiii, Juju, aiiii!". Eu e a Angela nos olhamos assustadas, sem entender o que estava acontecendo, e a Angela falou: "Nossa, Ju! Eu acho que ela tá emocionada em te ver porque ela tava o dia todo sem reclamar.". Aí eu sugeri: "Vamos tentar colocar ela de pé?", e vi que ela não conseguia colocar o pé no chão.

Aí, avisei: "Vó, eu vou ligar pra Lu e a gente vai te levar no hospital, tá bom?". Ela respondeu que não queria ir sem a tia Lore. Respondi: "Tá bom. Então eu vou chamar a Ecco-Salva (serviço de emergência)!". Ela aceitou e me contou onde tinha anotado o telefone deles. Liguei lá e relatei o que aconteceu. Eles perguntaram por que eu demorei tanto para ligar, já que ela caiu depois do almoço. Expliquei que ela havia escondido estar com dor até eu chegar, e só daí ela tinha aberto o jogo. Minha vó não gosta de incomodar e até hoje a gente não sabe como ela suportou a dor por tanto tempo.

Os médicos chegaram bem rápido porque foram informados de que uma senhora havia caído e que estava sozinha com uma criança. Em momento algum eu falei que era uma criança. Foi só a minha voz mesmo.

A primeira coisa que eles fizeram foi deitar a vó no sofá e viram que uma perna estava mais curta que a outra, ou seja, era quase certeza de que o fêmur estava fraturado. Nesse meio tempo, a tia Lore chegou e os médicos chamaram a ambulância para levar a vó para o hospital. Antes de ir, deram um remédio na veia para ela sentir menos dor. Afinal, era uma fratura! Eu fui com ela na ambulância e a tia atrás, de carro. Esse foi um dos momentos mais difíceis para mim, porque eu nunca tinha visto minha vó sentir tanta dor. Ela sempre foi forte e sempre orou por todo mundo.

Durante todo o caminho, ela se debatia e falava: "Ai, ai, ai, já chegou?". E eu dizia: "Calma, vó, falta pouco. Você não tem fé? Vamos orar!". Eu puxava a Ave-Maria e ela continuava – foi assim até o hospital. Lá, os enfermeiros tentavam colocar os remédios na veia, mas ela se batia muito de dor. Logo depois o meu tio chegou e ajudou a acalmá-la. Enfim, deram remédio e sedativo. Nisso, meus pais e a Lu também chegaram e fomos todos falar com o médico, que explicou a situação da vó e o que teria que ser feito.

A cirurgia foi marcada para o dia seguinte. Nessa noite, a tia Lore dormiu no hospital e, no outro dia, a vó foi operada com sucesso, pela manhã, e eu dormi com ela na UTI. Foi bem assustador, porque ela tomou muitos remédios e acordou à noite delirando, querendo tirar tudo e se levantar. Eu não sei de onde ela arranjava tanta força! No outro dia, ela despertou bem melhor, mas sem saber muito o que havia acontecido. Só se lembrava de que tinha caído, mas todo o trajeto até o hospital, graças a Deus, ela não lembrava mais. Na UTI tem horário de visita e só se pode entrar de três em três. Como todos os netos e filhos queriam ficar com ela, a gente dava um jeitinho e ia quase todo mundo junto visitá-la.

Quando ela recebeu alta todos ficaram muito felizes, mas também preocupados, porque seria um período de recuperação, então não poderíamos deixá-la sozinha em casa por muito tempo. Se caísse de novo ou se qualquer outra coisa acontecesse, a situação ficaria muito mais grave.

A tia Lore sempre foi muito forte, mas essa época foi bem tensa. A vó precisou de muitas adaptações – passou a depender mais dos outros, e isso ela não gostava muito, o que tornava tudo mais difícil. Afinal, ela é bem teimosa.

Nessa fase de recuperação decidimos que, basicamente, cada dia um da família iria cuidar dela por um período. Nos primeiros meses isso até funcionou, mas depois as agendas não foram batendo tanto. Eu, que já não estava muito feliz com meu trabalho, fiquei preocupada com meu TCC e, claro, com a vó. Conversei com a minha mãe e falei que estava pensando em pedir a conta e focar no meu TCC e na vó. Ela apoiou a ideia, o que foi um alívio. No dia seguinte fui conversar com a minha chefe e disse que eu ficaria só até a semana seguinte, devido às circunstâncias. Então, na outra semana, eu já passei os dias com a vó – fazendo meu TCC, conversando, comendo e, claro, rindo muito.

Foram muitas tardes que a família toda passou com ela e com a tia Lore, tentando ajudar a levar no médico, na fisioterapia, a dar o café da tarde e fazer companhia.

A vó tomava alguns remédios para ajudar na recuperação, e a tia Lore também dava florais para deixá-la mais calma. Um dia, eu cheguei lá, à tarde, minha tia já tinha saído, e minha vó falou, assustada: "Você não sabe o que eu acabei de fazer!". Eu, já preocupada, perguntei: "Ai, o quê, vó? Caiu de novo?". Ela riu e respondeu: "Não, graças a Deus, não! Mas eu derramei todo o potinho do floral, que era novo, no chão! A sua tia vai ficar muito brava!". Eu ri e falei: "Eita, vó, mas é uma *jarbane*, hein?! Relaxa, que eu falo que eu derramei e daí ela não briga com você, tá bom?". Ela perguntou: "Ai, você faz isso por mim? Nossa, mas você é um amor mesmo!". Fechamos o acordo e rimos muito.

Quando a tia Lore chegou, eu e minha vó nos olhamos, dei uma piscadinha para ela e falei: "Ai, tia, eu fui dar floral para a vó agora há pouco e acabei derrubando tudo no chão. Me desculpa!". Ela me olhou e falou: "Mas é uma *jarbane*! Tudo bem, mando fazer outro à tarde". A vó e eu trocamos um olhar e demos uma risadinha, fingindo que estava tudo normal.

Graças a Deus ela se recuperou mais rápido do que o esperado, mas como já estava mais velhinha, com 87 anos, precisava se cuidar, porque não tinha muita firmeza e equilíbrio, além do medo de cair novamente, mas não gostava de usar o andador. Às vezes, aceitava a bengala ou andar de braço dado com a gente, que era a forma preferida dela.

Nessa época, ela quase não queria sair de casa – estava assustada, mas, mesmo assim, quando ficava sozinha por algum tempo, levantava do sofá sem nenhum apoio, ia até a cozinha para pegar uma bolacha, se desequilibrava e caía. Brigávamos com ela, porque ela não podia fazer essas coisas sem um apoio – e se ela quebrasse outro lugar e ficasse tudo mais grave? Com essas coisas não se brinca! Mas, como eu já disse, ela é muito teimosa. Não sei como a tia Lore aguenta tanta teimosia.

Havia dias em que ela se animava e me chamava para irmos ao parquinho do prédio para tomar sol e caminhar. Descíamos, andávamos bem pouco, normalmente só até o banquinho, que era de praça, sentávamos e ficávamos sentindo a luz do sol tocar nossa pele. Conversávamos sobre o futuro. Ela adorava imaginar como seriam meus filhinhos e sempre dizia: "Que saudade de quando você era pequena! Já pensou você grávida? Acho que primeiro você vai ter uma menina! Aiii, outra Juju! Quando você vai me dar meus bisnetos?". Eu ria: "Vó, calma, ainda sou muito nova". Ela falava: "Ah, mas meu sonho é ver minhas netas casando e me dando bisnetinhos. É melhor você se apressar porque eu não aguento muito tempo!". Eu dizia: "Credo, vó, vira essa boca pra lá!", e batia três vezes no banco de madeira.

Depois que a vó caiu, ela deu uma baqueada, está bem mais sensível. Ela sempre foi muito magra e cada vez perde mais peso. Querendo ou não, já está bem velhinha.

No início de 2016 foi a minha colação de grau e, no convite, eu fiz um agradecimento especial a minha família e, principalmente, a minha vó. No dia em que entreguei o convite a ela, ainda brinquei e disse: "Vó, você não precisa se preocupar porque terá uma ambulância caso aconteça alguma coisa". Ela riu e respondeu: "Ah, então eu vou!". E não é que ela foi e ainda usou a ambulância? Mas calma, ela só usou porque acabou se desequilibrando no estacionamento, machucou a mão e fizeram um curativo. Ufa, que susto! Nesse dia ela me abraçou forte e me disse: "Pronto, já se formou. Agora pode casar e me dar bisnetinhos. Ouviu, Rico?". Nós nos olhamos e rimos.

Chega de chorar, guria!

Depois do casamento, chegou a hora da despedida. Eu sabia que era grande o risco de aquela ser a última vez que eu iria vê-la pessoalmente, mas sempre existiu uma esperança ou um pensamento positivo de que isso não iria acontecer. Em uma das despedidas, eu pedi para a minha prima Letícia que, se qualquer coisa acontecesse com a vó, ela iria me contar assim que soubesse. Ela me prometeu e falou: "Fica tranquila, prima. Pode deixar que eu te aviso".

Eu tinha receio porque, durante o meu intercâmbio na Irlanda, a nossa amada Lilica faleceu e minha família demorou alguns dias para me contar, porque eu estava visitando minha amiga Anne, em Malta, e eles não queriam que eu ficasse triste durante essa viagem.

Antes de ir para o aeroporto, fui até o apê com o Rico e fiz como sempre fazia. Abri a porta e falei alto: "Vóóóóó?". Fomos até a sala em que ela ficava, sentamos no sofá, conversamos sobre como nos divertimos na festa do casamento, falamos sobre outras coisas aleatórias também, até que chegou a hora de nos despedirmos.

Eu estava determinada a não chorar. Abracei-a bem forte, olhei nos olhos dela e falei: "Vó, olha no meu olho". Ela riu, olhou e eu falei: "Eu te amo muito. Você promete que vai se cuidar?". Ela riu e disse que também me amava e depois resmungou: "Ihhh, Juju, não se preocupe, eu me cuido. Sua tia me enche de água e comida, mas eu tô velha, o que posso fazer?". Respondi: "Se comportar, obedecer e ser menos teimosa!". Nós três rimos.

O Rico foi se despedir e eu fiquei respirando fundo. Ele também falou para ela se cuidar, que iria cuidar bem de mim e que a amava. Nessa hora foi inevitável: comecei a chorar. A vó falou: "Cuida bem dela, hein?! Você está levando a joia da família! Ihhh, Juju, chega de chorar, guria!". Nos abraçamos de novo e fui embora. Ela correu para a janela para me dar tchau. Nossa, só em escrever já volto a chorar, lembrando a imagem dela sorrindo e me acenando. Como foi difícil, que sentimento estranho!

Eu chorei muito, mas muito mesmo. Chorei de medo de não a ver de novo, chorei em pensar que eu não poderia só atravessar a rua e ir tomar um café com ela, chorei porque me senti culpada de estar me mudando de país com ela já tão velhinha, chorei de saudade do abraço dela. Mas naquele momento mais nenhuma lágrima adiantava. A decisão estava tomada, a passagem comprada e as malas prontas. A única coisa que eu poderia fazer era tentar ser o mais presente possível, mesmo tão longe.

Nos primeiros meses a gente se falava por vídeo sempre que alguém com smartphone estava lá ou quando minha tia chegava do trabalho. Depois, com o fuso horário e minhas aulas de alemão, foi ficando mais difícil. Então, resolvi comprar um pacote no Skype com ligações para o Brasil. Eu deveria ter feito isso no primeiro mês, porque é muito mais fácil e eu podia ligar a qualquer hora do dia, porque a gente se falava pelo telefone fixo e não por smartphone, que ela nunca soube nem quis aprender a usar.

Ficávamos horas conversando. Ela me contava das fofocas e novidades da família, das novelas que eu não acompanhava mais, mas eu sei que ela ama conversar sobre isso, sobre os padres e até sobre algumas histórias da vida dela. Já eu contava como era a minha vida na Alemanha, como aprender o idioma é ridiculamente difícil, sobre o clima, a comida, sobre como tudo funcionava e, claro, ela sempre queria saber sobre o Rico – como ele estava, se estava cuidando bem de mim.

Não era sempre que ela estava de bom humor e queria conversar. Quando eu ligava e falava: "Oooooooiiii, vó! É a Juju!", normalmente ela respondia: "Oooiii, meu amoooor", e cantava: "A tua presença me acalma" – música *Chagas que curam*, do padre Reginaldo Manzotti – ou ela dizia: "Hoje eu não tô bem". Aí eu perguntava: "Por quê?", e ela contava que não tinha mais vontade de fazer nada, que a velhice era muito difícil, que ela não conseguia fazer mais nada, e por aí vai... Eu só ouvia e concordava, porque, realmente, devia ser muito difícil ter quase 90 anos e depender quase que 100% dos outros. Aí eu tentava ver o lado positivo e falava: "Ai, vó, eu entendo, mas pelo menos você tem a cabeça boa, né?". Ela concordava: "Nossa! Pois é! Graças a Deus, porque a fulana da igreja, eu ligo e ela nem sabe mais quem eu sou". E eu dizia: "Tá vendo, vó? Que bom que você gosta de se atualizar e conversar conosco!". Nisso ela já melhorava e a gente papeava sobre a vida.

No verão, meus pais vieram nos visitar aqui, em Munique, na Alemanha, e foi muito especial! Fomos buscá-los no aeroporto com as roupas típicas da Baviera, mais conhecidas como as roupas que se usam na Oktoberfest. Quando eles chegaram foi pura emoção! Meu pai logo disse: "Filha, agora vou te entregar o presente que a sua vó mandou: um abraço bem forte!". Obviamente, derrubei algumas lágrimas depois desse abraço.

Eu também queria enviar algum presente para a vó, além de um abraço apertado, mas não sabia o quê. Até que um dia fomos ao mercado, e eu lembrei que ela adora comer geleia com pão e até mesmo com bolo! Comprei as geleias de morango e mandei alguns potes pelos meus pais. Resultado? Ela amou! Sempre que vinha alguém nos visitar, acabávamos enviando alguns potes para ela comer ou dar de presente.

Nesse ano, 2017, foi o 89º aniversário dela, e eu não estava lá pessoalmente, mas fiz questão de preparar uma surpresa. Umas semanas antes do aniversário dela, entrei em contato com a equipe que cuidou da decoração do meu casamento e perguntei se seria possível montar um buquê com 89 rosas brancas para dar de aniversário a minha vó, e eles falaram que sim. Então acertamos todos os detalhes, combinei com meus pais para eles pegarem e entregarem as flores a ela, lerem uma pequena carta que eu havia escrito e filmarem tudo isso. E foi o que eles fizeram.

No vídeo, meu pai acende a luz da sala e desliga a TV. Minha vó queria saber o que estava acontecendo e minha mãe logo apareceu, meio escondida, na porta, perguntando quantos anos ela estava completando. Ela respondeu: "89". Então, minha mãe falou: "Mãe, a Juliana mandou para a senhora". Ela perguntou: "Quem?". Minha mãe repetiu que eu havia mandado para ela. Minha vó ficou com a respiração acelerada, com a boca aberta, e minha mãe entrou na sala com o buquê: "A Juliana mandou para a senhora 89 rosas! Olha que lindo, mãe! 89!", e a vó Tuna, emocionada, perguntou: "Meu Deus, como ela fez isso?". E minha mãe contou que tinha sido o mesmo decorador do meu casamento. Então, a vó falou, impactada: "Meu Deus, que coisa mais linda!". Logo depois, minha mãe leu a seguinte mensagem:

"Vó, queria ter mandado 89 potes de geleia, mas a mala da mãe estava cheia! Então resolvi enviar 89 rosas brancas, porque elas representam luz, alegria, gratidão, amor e respeito, que é o que eu sinto por você! Obrigada por me ensinar tanto sobre a vida e sobre o amor! Te amo infinitamente!!!! Espero que tenha gostado das flores!!

Com amor, sua Juju".

As duas se abraçaram emocionadas. Minha mãe pediu para ela mandar uma mensagem para mim, e ela falou:

"Oi, Juju, meu amor, não existe na face da Terra uma neta como você. Eu te amo muito e tô feliz que você é feliz com o Rico. Eu sei que ele cuida bem de você! Seja feliz, a vó tá bem, tô bem cuidada. Sua mãe está aqui com seu pai, depois vem a Lore, o Paulo, não se preocupe. Eu sinto muito a sua falta, porque sempre você cuidou de mim. Eu estava doente e você vinha, né? Mas não faz mal! Eu tô feliz que você é muito feliz e que o Rico é muito bom para você! Fique com Deus. Tô sempre rezando para você. Eu nunca recebi um buquê tão lindo como esse!".

Depois, meu pai me enviou o vídeo e, obviamente, me emocionei. Em seguida, liguei para ela para desejar feliz aniversário. Ela me chamou de louca por ter feito isso, mas eu falei que era o mínimo que eu podia fazer, já que estava tão longe e com tanta saudade. Como foi bom ouvir a voz dela!

Houve uma época em que, quando a minha tia via que a vó não estava bem, ela me pedia para telefonar para ela. Então, eu ligava, e ela dizia que não queria falar comigo, mas minha tia forçava e nos deixava ali, conversando por horas, e ela já ficava bem novamente. Quando ia visita, era a mesma coisa. Ela mandava ir embora, dizendo: "Eu não tô legal", mas sempre que a pessoa insistia, elas engatavam um papo e acabava tudo bem. Ela falava tanto "Eu não tô legal" que a gente até fazia piadinha, e ela ria junto, porque sabia que, muitas vezes, era só drama ou charme; mas realmente havia dias em que, assim como qualquer outra pessoa, ela não estava bem.

Como a gente se falava quase toda semana, dava para sentir na voz dela que cada dia ela ia enfraquecendo, e nas conversas ela já não tinha mais paciência de passar tanto tempo ao telefone. Dizia que não aguentava mais, que queria partir logo e que o tempo dela na Terra já havia acabado. Quando ela falava essas coisas doía muito em mim e só de pensar que no dia seguinte ela podia não estar mais aqui me dava certo pânico, mas eu tentava consolá-la: "Vó, você sabe, essas coisas não é a gente quem decide. Quando Deus achar melhor, Ele vai te levar". Ela respondia: "Pois é, eu não sei por que Ele está demorando tanto para vir me buscar!".

Para mim, a vó é como uma vela que aos poucos vai se apagando: tem dias em que a sua luz está mais forte e chega a iluminar a casa toda; em outros dias, essa luz quase se apaga.

A Pri estava morando por uns meses em Pádua, na Itália, e eu e o Rico fomos visitá-la. Conversamos muito sobre tudo e até sobre a vó, e sobre como seria o dia em que ela partisse. Eu falei para a Pri que eu não fazia ideia de qual seria a minha reação, além de chorar muito. Bom, voltamos para casa e já era quarta-feira. Minha mãe me ligou falando que a vó não tinha passado muito bem, que ela estava com dificuldade para respirar e que tinham chamado a Ecco. Nisso, meu coração acelerou e eu perguntei o que havia acontecido. Minha mãe falou que ela tinha catarro no pulmão, mas que os médicos já haviam aspirado tudo e lhe dado um calmante, porque ela estava muito agitada e nervosa. Naquele momento, ela dormia e respirava bem. Eu perguntei: "Mas ela tá bem mesmo, mãe?". Ela respondeu que sim.

Na quinta eu liguei para a vó, a Sara atendeu, que é outro anjo e trabalha na casa dos meus tios, mas estava lá passando o dia com ela. Então eu pedi para falar com a vó. Ela disse que não queria falar comigo e eu respondi: "Sara, coloca o telefone no ouvido dela". Eu falei: "Oiii, vó! É a Juju!". Ela só fez um "Ah!". Perguntei: "Você tá melhor?". Ela disse "Tô" e jogou o telefone no chão. A Sara pegou o telefone e falou: "Ju, você sabe como a sua vó é!". Eu disse: "Sei, sim! Cuida bem dela, Sara, e diz que a amo!". Desliguei o telefone e chorei.

No outro dia eu precisava ir cedo renovar o meu visto. Nessa manhã, o Rico tirou folga do trabalho para me acompanhar. Saímos de lá umas 8h e voltamos para casa. Eu estava mal-humorada e precisava dormir mais um pouco, porque às 11h eu entrava no trabalho. Dormi, acordei ainda mal e fui trabalhar. Quando eram quase 15h, o Rico apareceu com dois litros de água. Eu perguntei: "Amor, o que você está fazendo aqui?". Ele disse: "Preciso falar com a sua chefe". Eu achei estranho, mas nem me toquei: "Tá bom, ela está ali" e apontei.

Ele foi, conversou com ela e voltou: "Amor, tira o seu intervalo agora". Eu falei: "Você pode esperar 20 minutos?". Ele disse que não, que tinha que ser naquele momento. Bati o ponto e o encontrei lá fora: "Vem cá, amor", e abriu os braços. E eu: "Meu Deus, que medo, o que foi?". Quando o abracei e ouvi o coração dele acelerado, minha ficha caiu e na hora eu perguntei: "A vó morreu?". Nisso, ele já estava chorando e fez que sim com a cabeça. Eu comecei a gritar e a chorar, pois eles tinham me garantido que ela estava bem, que havia melhorado! "Quando foi? Como foi? Cadê ela?". Eu só chorava e não entendia o que estava acontecendo.

Voltei, peguei meu celular, que sempre ficava na bolsa durante o trabalho, e havia várias ligações perdidas da Lê. Por um instante eu fiquei feliz, porque ela tinha mantido a nossa promessa. Na hora já escrevi que iria tentar pegar um voo, mas como eu ainda não sabia se realmente daria tempo, eu iria avisando. Pedi a ela para não contar a ninguém, porque eu não queria ouvir nenhuma crítica sobre a minha decisão. Eu prometi para a vó que eu iria no velório e eu precisava me despedir dela, mesmo que ela não estivesse mais ali. Enfim, eu precisava passar por isso. A Lê só pediu para mantê-la informada e avisar dos horários do voo.

Liguei para minha irmã, que estava aos prantos. Depois falei com a minha mãe, que já estava lá no apê, e pedi para ver a vó. Ela me mostrou, e foi um mix de emoções. Eu sempre tive muito medo de esse dia chegar. Como é difícil quando alguém que a gente ama tanto vai embora. Eu nunca tinha passado por isso e espero que demore muitos e muitos anos para viver essa experiência novamente. Era um vazio, uma dor, uma angústia, muitos questionamentos do tipo: "Por que eu não fui antes? Por que ela não quis falar comigo naquele dia? E todos os nossos planos? E todas as receitas que eu aprendi e falei que iria fazer para ela provar?". Parece que a cada piscada eu me lembrava de algo que tínhamos planejado, mas que agora já não seria possível. Me questionei muito, mas não achei nenhuma resposta. Nada mais fazia sentido.

Durante essa ligação, eu só olhei para o Rico e disse baixinho: "Passagem". Ele me perguntou: "Você quer mesmo ir?". Eu fiz que sim com a cabeça e, então, ele falou: "Vamos para casa". Antes de nos mudarmos para a Alemanha eu já considerava que isso podia acontecer e que eu queria me despedir dela. Ele entendeu e apoiou minha decisão. Então, desde o primeiro dia de Alemanha, nós já tínhamos um dinheiro de emergência.

No caminho para casa, falando com a minha irmã, eu disse que iria para o Brasil, e fomos conversando, chorando e tentando processar tudo o que havia acontecido. Chegando em casa, o Rico deu uma mala para eu ir arrumando enquanto ele iria procurar a passagem. Eu coloquei minha irmã no viva-voz: "Lu, me ajuda. O que eu preciso levar?". Nem eu nem ela conseguíamos raciocinar direito, só sei que coloquei roupa de inverno e verão, porque não dava para pensar em nada. Desliguei o telefone e fui para a sala, perguntei se o Rico tinha achado alguma passagem e ele respondeu que sim, mas que precisávamos correr para o aeroporto, porque como o embarque era dali a duas horas, só era possível comprar a passagem no balcão. Então, eu virei para ele e perguntei: "Amor, e se for muito caro? Como vamos fazer?". Ele respondeu: "Foda-se. É a sua vó. Você precisa se despedir dela! Vou passar no cartão de crédito e depois a gente pensa nisso!". Sério, essa foi a maior prova de amor que ele poderia ter me dado!

Corremos para o aeroporto, compramos minha passagem, abracei o Rico, nos despedimos e logo embarquei. Ele disse para eu ser forte e que ele estaria ali me esperando. Minha cabeça estava a mil. Quando eu achava que tinha me acalmado, as lágrimas voltavam a escorrer pelo meu rosto. Como assim? A minha amada vó Tuna se foi? Eu sei que ela nem queria mais estar aqui e que, do jeito que estava, ela não era mais feliz, mas como eu vou viver sem ela? Eu não ia mais ouvir a voz dela e, de novo... mil questionamentos e nenhuma resposta.

Eu só tentava ligar para todas as minhas amigas para conversar e distrair a minha mente. Falei com elas, que ficaram muito tristes, porque sabiam da nossa relação e de como a vó era importante para mim. Algumas até choraram comigo no telefone. Entrei no primeiro voo e fui até Paris. Chegando lá, eu só pensava: "Eu não posso perder o próximo voo". Saí correndo do avião e fui procurar meu portão de embarque. Eu estava tão perdida que quando achei aquelas telas com as informações, eu parei, coloquei a mão na testa, olhei pro meu ticket e simplesmente não sabia para onde ir. O cara que estava ao meu lado viu minha cara de desespero e perguntou se podia me ajudar. Eu falei:

"Pelo amor de Deus, sim!". Ele me ajudou a descobrir meu portão de embarque, o que normalmente é uma coisa simples! Então eu saí correndo, porque o voo Munique-Paris já estava atrasado e, como eu já falei, eu não podia perder nenhum voo! Cheguei a tempo e deu tudo certo! No voo de Paris até São Paulo eu mal consegui comer, imagine dormir, né? Impossível! Eu dormia, acordava, chorava, dormia, acordava, chorava. Minha cabeça e minha mandíbula doíam muito de tanta tensão.

Finalmente, cheguei em São Paulo! Faltavam algumas horas até o próximo voo para Curitiba, então pude fazer tudo com mais calma. Avisei minha família e o Rico que eu havia chegado bem e que o voo estava previsto para sair no horário. Minha família me disse que tinham conseguido estender o horário do velório por algumas horas. Entrei no último voo, sentei e voltei a chorar. Normalmente, quando vou para o Brasil, é quase um evento, é sempre uma data feliz, mas, dessa vez, era o dia mais triste da minha vida. Quando estávamos chegando em Curitiba, o piloto anunciou que, por causa do mau tempo, eles não poderiam pousar, que iriam ficar dando voltas até o tempo melhorar.

Nessa hora meu coração disparou. Respirei fundo, tentei me acalmar, orei para Maria e disse que ela não podia fazer aquilo comigo! Esperei uns cinco minutos e nada! Então me levantei, fui até o fundo da aeronave e perguntei para o comissário o que estava acontecendo, e ele falou a mesma coisa que o piloto. Eu voltei a chorar e disse: "Moço, você não tá entendendo. Minha vó morreu, eu preciso chegar em Curitiba, eu preciso me despedir dela". Nisso, ele e as aeromoças já se levantaram e tentaram me acalmar. Eles me explicaram que o avião podia ficar dando voltas por até uma hora, se não me engano. Aí eu perguntei: "E se realmente não der pra pousar?". Ele respondeu: "Aí a gente volta para São Paulo". Perguntei se o avião não podia pousar em Ponta Grossa ou sei lá onde. Ele disse que não, mas que era para eu ficar calma porque isso sempre acontece em Curitiba e que, se Deus quisesse, a gente ia conseguir, sim, pousar!

Logo depois o sinal de colocar os cintos foi ligado e tive que voltar para o meu assento. Ele foi comigo, se agachou, perguntou como era o nome da minha avó, com quantos anos ela estava e se tinha tido uma vida feliz. Achei muito sensível e fofo da parte dele. O menino do meu lado até me deu um lencinho, porque viu que eu não ia parar de chorar. O comissário perguntou se ele podia fazer alguma coisa para me ajudar e eu respondi: "Eu só quero chegar logo!". Ele quis saber se eu havia despachado a mala e eu respondi que sim. Então ele falou que não adiantava me colocar na primeira fila, porque eu ia ter que esperar as malas. Nesse momento, o piloto anunciou que iríamos pousar. Ufa! Que alívio! Agradeci ao rapaz por ter sido tão gentil e a Maria por ter mexido os pauzinhos, ou melhor, as nuvens. Desembarquei, peguei minhas malas e, quando saí, lá estava meu pai, já com os olhos cheios de lágrimas. Nos abraçamos, choramos juntos, trocamos algumas palavras, e eu falei: "Pai, eu só preciso tomar um café com leite!". Tomamos um rapidinho no aeroporto mesmo, e ele ainda pediu pão de queijo porque sabe que eu amo e que não tinha conseguido comer no avião. Então, ele me contou tudo.

Na sexta-feira, dia 4 de maio de 2018, a vó acordou às 3 da manhã, chamou a tia Lore e disse que queria tomar banho. Minha tia falou que não iria dar banho nela àquela hora, afinal, era madrugada. Disse que era para ela voltar a dormir e que, de manhã, ela iria tomar banho! A vó a chamou de estúpida e voltou a dormir. Às 6 da manhã elas acordaram e enquanto a minha tia arrumava as coisas para o banho, a vó ficou na sala de TV fazendo inalação e reclamando que aquilo não adiantava nada.

Antes de entrar no banho, a vó foi ao banheiro e disse: "Nossa, que estranho, não estou sentindo nada", o que não era novidade, porque depois do tombo isso já havia acontecido outras vezes... Assim que ela se sentou no banco do box do banheiro, a tia Lore a molhou e percebeu que ela havia relaxado: os ombros já não estavam erguidos de tensão, como de costume, e o olhar também havia mudado – estava distante, mas muito distante...

Como se ela estivesse se desprendendo do corpo. A tia Lore desligou o chuveiro, enrolou a vó na toalha e a carregou até a cama. Ligou para a emergência e falou: "Minha mãe está morrendo!". Logo depois, avisou o meu tio e a minha mãe.

O tio Paulo conseguiu presenciar os últimos minutos de vida da vó Tuna. Sentou-se ao lado dela na cama, fez uma oração e, então, ela deu o seu suspiro final e partiu. Em seguida, minha mãe chegou à portaria do apê e encontrou com os médicos indo embora. Infelizmente, ela percebeu o que havia acontecido.

Tenho certeza de que a vó planejou a data, a hora e o local. Ela sempre quis que fosse em casa. Queria tomar banho porque essa era uma das poucas maneiras que ela tinha de relaxar. E de manhã porque o fuso horário com a Alemanha era de cinco horas a mais que no Brasil, então daria tempo de eu chegar para o velório. Afinal, tínhamos um acordo de que eu iria, sim, ao velório dela.

No cemitério havia uma escada enorme para subir. Parecia que, a cada degrau, vinha menos ar para eu respirar, então perguntei: "Pai, posso segurar na sua mão?". Ele, também emocionado, disse: "Claro, filha. Vamos lá!". A cada passo eu apertava mais a mão dele. Subimos toda a escada e, nisso, encontrei minha mãe. Nos abraçamos, choramos... Aquilo tudo era muito surreal! Então, ela perguntou: "Vamos nos despedir da vó?". Eu respondi que sim com a cabeça, chorando muito. Minha mãe me lembrava para respirar fundo e me acalmar. Nessa hora eu só pensava na minha dor e que eu tinha perdido a minha vó, mas, na verdade, a minha mãe, minha tia e meu tio tinham perdido uma mãe, meus primos, uma vó, e por aí vai. É muito difícil pensar na dor dos outros quando a nossa dor é tão grande quanto à deles.

Andei em direção à salinha, encontrei a tia Carmen, nos olhamos, choramos e nos abraçamos muito forte. Finalmente, entrei e já havia vários familiares, mas eu só conseguia olhar para minha vó dentro do caixão. Por mais bizarro que possa parecer, ela estava com uma expressão de muita paz, muito relaxada e até com um sorrisinho nos lábios. Era como se a qualquer momento ela fosse abrir os olhos e falar que aquilo tudo era mentira!

Fiquei sentada ao lado dela chorando, conversando baixinho, fazendo carinho e orando. Fiquei perto da Lê, da Bru e do Lucas. A gente se olhava, se abraçava, chorava e até conseguia conversar. Saí um pouco para respirar e nisso a Gabi chegou, o que foi muito importante e me ajudou muito.

Antes de fechar o caixão, o pastor, que havia se tornado amigo da minha vó, falou lindas palavras, como todo mundo gostava da dona Tuna, apesar da teimosia, e oramos. Tio Paulo, tia Carmen, tia Lore e eu também falamos sobre tudo que aprendemos com ela, que ela tinha sido a melhor vó do mundo, que iríamos sentir muita falta, que ela era especial, solidária, e até contamos algumas histórias engraçadas. Foi um momento de luto, mas foi lindo e como ela queria, com todos chorando e rindo ao mesmo tempo, porque essa era ela, com altos e baixos, mas sempre pronta para ajudar o outro, falar uma palavra amiga ou simplesmente para dar um colo, um conforto.

Por sorte, meu pai me abraçou no momento em que fecharam o caixão. Então, minha última imagem é da minha vó plena, tranquila, até com um sorriso no rosto, que era quase um sinal para nos dizer que ela foi em paz. A partir do momento em que fecharam o caixão, para mim era como se ela já não estivesse mais lá e, realmente, ela não estava. Ali dentro estava o corpo, com todas as suas marcas, cicatrizes, rugas, cabelos brancos, que contam sua história em forma de matéria. Mas o que é o corpo sem a alma?

Efeito vó Tuna
ou
o reflexo do amor

Hoje, finalmente, fez um dia lindo: 17 graus e um sol quentinho. Fomos ao centro de Munique para passear e acabamos parando para comer um bolo e tomar um café. Bem ao nosso lado sentou-se uma senhora de uns 75 anos com sua neta, que deveria ter uns 18 anos. Foi inevitável, eu ouvi aquela conversa.

Primeiro, a senhora pediu um chocolate quente e falou: "Nossa, hoje está sol com um ventinho frio e agora irei tomar algo quentinho, perfeito!". Eu a olhei, observei o cabelo grisalho, as mãos enrugadas. Putz, que saudade da minha vó! Logo comentei com o Rico: "Essa vozinha é muito fofa!". Ele concordou. Depois, a neta contou sobre um menino com quem ela estava saindo e, como uma boa vó, ela quis saber tudo, se ele ainda estudava, o que estava fazendo da vida e quais eram os planos para o futuro. Aí, o Rico me olhou e me perguntou: "Você também fazia esses passeios com a sua vó?". Eu respondi que sim, que gostávamos de ir à padaria perto da casa dela para comer pastel fresquinho. Então, meu coração ficou acelerado, a vontade de chorar veio e eu a engoli.

Como é difícil não tê-la mais aqui, mas como é bom ver que mais pessoas estão sentindo o prazer de ter uma relação linda com a vó. Tentei focar no lado positivo de estar sentada ao lado delas e no dia lindo que estava fazendo lá fora. Na hora de ir embora, eu queria ter falado para a menina: "Ei, aproveita muito a sua vó, abraça ela bem forte e tenta passar o máximo de tempo com ela", mas eu não consegui. Não sei se foi por vergonha ou medo de chorar no meio dessa frase.

Então, eu falo aqui para você, que leu até agora: "Com quem você tem uma relação especial? Já ligou ou mandou uma mensagem para essa pessoa hoje? Eu sei, a vida é uma loucura e nunca temos tempo para nada, mas garanto que você vai achar um espaço na sua agenda para tomar um café com leite e colocar o papo em dia. Vai valer a pena! Se, por coincidência, essa pessoa for idosa, tenta ter paciência: às vezes, ela só precisa de alguém para conversar, ou melhor, para ouvi-la sem críticas ou cobranças. Apenas amar. Ame, sinta a energia, o cheiro, as texturas, olhe nos olhos de quem já viveu anos, viveu histórias únicas, e abrace bem forte esse ser especial que tem tanta energia e amor para dar".

Vó Tuna, eu sei que seu espírito partiu, mas agora você está viva em outras coisas, em tudo o que nos ensinou – o amor ao próximo, a solidariedade, a união, o carinho –, nas receitas, nas lembranças, nas fotos, nos vídeos, no cheiro dentro do potinho e, agora, neste livro.

Você é eterna! Sorte de quem pôde conviver com você e te conhecer. Quem não te conhecia, com estas memórias passou a te conhecer e até aprendeu coisas que você nos ensinou!

E esse é o efeito vó Tuna. Ele me transformou em quem sou hoje. Me fez enxergar, em qualquer lugar do mundo, o reflexo da nossa relação. Me fez transformar a dor do luto em um livro. Me fez querer compartilhar com você tudo o que aprendi com ela. Afinal, essa também é uma história de amor e também é inspiradora. E em você, qual foi o efeito vó Tuna?

Vó Tuna em sua festa de 80 anos

© Stampa Photo Fotografias